I0884922

Para ser exitoso, no hace falta mucho.
Solo saber qué estas haciendo,
amar lo que está haciendo y
creer en lo que estás haciendo.

TENER ÉXITO

El éxito es un concepto que cada uno de nosotros define de manera única. Para algunos, puede significar acumular riqueza; para otros, encontrar la felicidad en las relaciones o alcanzar la excelencia en su profesión. Sin embargo, más allá de las definiciones superficiales, el verdadero éxito radica en conocer tu propósito, maximizar tu potencial y contribuir al bienestar de los demás.

En este libro, te invito a reflexionar sobre lo que realmente significa tener éxito en tu vida. A través de una serie de principios y valores fundamentales, exploraremos cómo puedes tomar decisiones conscientes que te acerquen a esa vida plena y satisfactoria que anhelas. Desde la importancia de vivir en el presente hasta la necesidad de cultivar relaciones significativas, cada capítulo te ofrecerá herramientas prácticas para que puedas abrazar tu propio camino hacia el éxito.

Recuerda, **el éxito no es un destino, sino un viaje que se construye día a día.** Así que, si estás listo para tomar las riendas de tu vida y vivir conforme a tus valores, acompáñame en esta travesía hacia el éxito personal. ¡Hoy es el día para comenzar!

Teneréxito es conocer tu propósito, aumentar tu potencial y sembrar semillas que beneficien a otros.

«La mayoría de las personas no guían su propia vida; solo la aceptan»

—John Kotter

Tener éxito en la vida es acostarse por la noche sabiendo que has dado lo mejor y te has comprometido con lo que más importa.

/ /

«Intento hacer lo correcto en su debido tiempo. Tal vez solo sean cosas pequeñas, pero, por lo general, hacen la diferencia entre ganar y perder».

—Kareem Abdul-Jabbar

El éxito no es algo que se logra. Exitoso es algo que se es.

/ /

«Para mí, ganar no es algo que sucede de repente en el estadio cuando suena el silbato y la multitud grita. Ganar es algo que se construye física y mentalmente todos los días que entrenas y todas las noches que sueñas».

—Emmitt Smith

¡Elige los valores correctos y ponlos en práctica todos los días! Las personas más exitosas en la vida son aquellas que eligen sus valores desde un principio y los sostienen todos los días.

«A veces, puede parecer que las buenas personas terminan últimas, pero, por lo general, es que están corriendo una carrera diferente».

—Ken Blanchard y Norman Vincent Pale

El hoy es lo único que tienes. Ayer ya es muy tarde y no puedes depender de mañana. Esto ya lo sabes, todos lo saben. Sin embargo, no vivimos como si lo supiéramos. Todos se obsesionan por lo que pasó o lo que vendrá, pero nada de eso es útil. Debemos centrarnos en el presente. Lo que importa es el hoy, de hecho, es lo más importante. Muchas veces, lo olvidamos.

/ /

«Un hoy vale por dos mañanas; lo que voy a ser, es lo que estoy construyendo ahora».

—Benjamin Franklin

Nuestros logros y fracasos pasados, en retrospectiva, suelen verse más grandes de lo que en verdad fueron. Algunas personas nunca superan sus logros del pasado. Prefieren perder tiempo en sus glorias pasadas. Otras veces, se lamentan por lo que podrían haber hecho, cualquier oportunidad que no se aprovechó en su momento parece dorada ahora que tarde es para ir tras ella.

Las experiencias negativas de algunas personas las definen toda la vida.

Muchos reviven cada rechazo, cada fracaso y cada herida que han tenido; y dejan que esos incidentes los enreden en nudos emocionales.

/ /

«Muchas personas han fracasado en vivir el hoy y se han pasado la vida tratando de llegar al futuro. Han perdido por completo todo lo que tuvieron a su alcance en el presente, porque solo se interesaron en el futuro... y cuando se dieron cuenta, el futuro ya era el pasado».

—William Allen White

Ayer terminó anoche. No importa lo mucho que te hayas equivocado en el pasado, ya está hecho. No importa qué logros hayas tenido o qué premios hayas recibido, eso ya casi no tiene impacto en lo que haces hoy. **Hoy es un nuevo día.**

/ /

Esperar a que el futuro sea mejor sin invertir en el presente es como ser un granjero que espera cosechar sin haber plantado ninguna semilla.

No subestimes el hoy ¿Alguna vez has escuchado a alguien decir: «Solo estoy matando tiempo»? ¡Qué frase tan espantosa! ¿Ha spensado seriamente en esta declaración? Bien podría decir: «Estoy desperdiciando mi vida». Benjamin Franklin tenía razón cuando dijo que la vida está hecha de tiempo. **El hoy es el único momento que tenemos a nuestro alcance.**

/ /

"«El éxito es paz mental, es una autosatisfacción como resultado directo de saber que te esforzaste al máximo para convertirte en la mejor versión de ti que podías ser».

—John Wooden"

Si queremos hacer algo con nuestras vidas, debemos enfocarnos en el hoy. Allí es donde radica el éxito. Pero ¿cómo triunfar en el hoy? ¿Cómo hacer que hoy sea un gran día y no echarlo a perder? Esta es la pieza que falta: El secreto de tu éxito está determinado por tu agenda diaria. **Si vas a cambiar tu vida, enfócate en el hoy.**

«La brecha más grande de la vida es la que se encuentra entre el saber y el hacer».

—Dick Biggs

La vida de una persona nunca es un vaso lleno. Tampoco es un vaso vacío. Cada día de tu vida, el vaso contiene algo positivo. Cuando miras el vaso de tu vida, ¿qué ves? Ver el vaso medio lleno aumenta tus posibilidades. Los pesimistas, por lo general, consiguen lo que esperan, y lo mismo sucede con los optimistas.

/ /

Creer en ti aumenta tus posibilidades de tener éxito.

Buscar lo positivo en cada situación te ayuda a ver oportunidades que, de otra manera, te perderías. Ser positivo con las personas los motiva a que sean positivos contigo; y quienes interactúan bien con otros tienen ventaja por sobre los que no lo hacen.

/ /

No se me ocurre ni una crítica válida sobre ser positivo. Todo es bueno.

En la cultura competitiva de hoy, todos buscan una ventaja. **Tener una actitud positiva es como tener un arma secreta.** Hay cosas en tu vida que no puedes escoger: tus padres, el lugar donde naciste, tu estatura, tu raza o tus talentos naturales. Sin embargo, siempre puedes elegir tu perspectiva. Si quieres tener un día, un año o una vida mejor, necesitas ver el mundo de una forma positiva.

/ /

«Todo resulta mejor para las personas que hacen lo mejor con los resultados que obtienen».

—John Wooden

«Oración para tener la actitud correcta» Autor desconocido

Querido Señor: En lo que va del día, he hecho las cosas bien. No he contado chismes, no he perdido los estribos, no he sido avaro, malhumorado, cruel, egoísta o autocomplaciente. No me he quejado, no he maldecido ni comido alimentos poco saludables. Sin embargo, en unos minutos voy a levantarme de la cama y necesitaré mucha más ayuda después de eso. Amén.

/ /

«Nada puede impedir que el hombre con la actitud mental correcta alcance sus objetivos; nada en el mundo puede ayudar a quien tiene la actitud mental equivocada».

—Thomas Jefferson

Tus pensamientos siempre serán más importantes que los bienes materiales. La fama y la fortuna son efímeras. La satisfacción que se siente con los logros es momentánea. Salomón, el mas sabio de todos los reyes, señaló: «Quien ama el dinero, de dinero no se sacia. Quien ama las riquezas nunca tiene suficiente». **La felicidad no se puede comprar ni ganar.**

/ /

«Quien conoce tan poco la naturaleza humana que busca la felicidad cambiando cualquier cosa que no sea su propia actitud, desperdiciará su vida en esfuerzos sin resultado y aumentará la pena que quiere eliminar».

—Samuel Johnson

Si quieres ver el vaso medio lleno, pero no lo has hecho en el pasado, cambia tu forma de pensar. Eso es algo que tú puedes elegir. Ten fe en que puedes tener una actitud positiva y cambiar para ser la persona que deseas ser. **Si cambias tu forma de pensar, todo lo demás también puede cambiar.**

«Lo que está detrás o delante nuestro es diminuto comparado con lo que está en nuestro interior».

—Ralph Waldo Emerson

Cambia tus palabras. Si buscas lo positivo de forma constante y lo adoptas para tu vida, te será más fácil vivir todos los días de una forma más positiva.

Elimina estas palabras	**Usa estas palabras**
No puedo	Puedo
No creo	Creo
No tendré tiempo	Buscaré el tiempo
Tengo miedo	Tengo confianza
No estoy seguro si	Estoy seguro

Recuerda: siempre puedes cambiar tu forma de pensar.

Sé agradecido. Tener una actitud agradecida te ayudará a ver el vaso medio lleno. Eso te ayudará a tener una actitud más positiva y pensar más en lo bueno que en lo malo. Es un ciclo positivo que se alimenta a sí mismo.

/ /

«Cuando aprendemos a dar las gracias, aprendemos a concentrarnos en las cosas buenas de la vida en lugar de las malas».

—Amy Vanderbilt

Recuerda las experiencias más importantes de tu vida: los mejores momentos, las victorias más grandes o los obstáculos más intimidantes que venciste. ¿Cuántos de esos momentos te sucedieron estando en soledad? Apuesto a que son muy pocos. Cuando entiendes que conectarse con otros es uno de los placeres más grandes, te das cuenta de que lo mejor de la vida sucede cuando comienzas buenas relaciones e inviertes en ellas. **Comienza por ver a todos como posibles amigos.**

Lo mejor para comenzar con el pie derecho es poner a los demás primero.

Hay otras formas de demostrarles a las personas que son importantes y que te preocupas por su bienestar: tomándote el tiempo de conocerlos, recordando sus nombres, sonriéndoles y ofreciéndoles tu ayuda.

A las personas no les importa todo lo que sabes, hasta que saben lo mucho que te importan.

Sé un amigo. En ventas se dice: En igualdad de condiciones, gana el más agradable. Sin embargo, incluso cuando no hay igualdad de condiciones, la persona más agradable sigue ganando. No hay nada más importante que las habilidades interpersonales cuando se trata de avanzar en cualquier aspecto de la vida.

«Las relaciones nos ayudan a definir quiénes somos y quiénes podemos ser. Casi todos podemos conectar nuestros éxitos con relaciones importantes».

—Donald O. Clifton y Paula Nelson"

Para tener éxito en la vida, debes interesarte en la gente. Espera lo mejor de todos. Asume que las intenciones de los demás son buenas a menos que demuestren lo contrario. Valora a las personas, ten en cuenta sus mejores momentos. **Ofréceles tu amistad en lugar de pedirles que sean tus amigos.** Cuando te agradan las personas y tienes un corazón dispuesto a ayudar, no importa adónde vayas, siempre encontrarás un amigo.

«No puedes hacer que el otro se sienta importante a tu lado si en tu interior sientes que no es nadie».

—Les Giblin

Tu objetivo es entender a las personas. Cuando deseas mejorar tu capacidad para comprender a las personas, abres una puerta a las relaciones positivas. A medida que interactúas con otras, debes trabajar para poder comprenderlas mejor y acercarte a ellas: a las inseguras; dales confianza. A los que desean un mejor futuro, muéstrales esperanza. A las que necesitan ser comprendidas; escúchalas. A las que son egoístas; háblales primero de sus necesidades. A las desanimadas; anímalas. A las que quieran tener éxito; ayúdalas a ganar.

/ /

«El talento natural, la inteligencia o una excelente educación no garantizan el éxito. Se necesita algo más: la sensibilidad de comprender lo que otros quieren y la voluntad de dárselo».

—John Luther

Brinda respeto, pero espera ganarte el de los demás. Todo ser humano merece que lo traten con respeto. Si primero tratamos a los demás con respecto, estamos sentando las bases para una buena relación. El respeto no se puede exigir; debes ganártelo. Si te respetas a ti mismo, respetas a otros y demuestras que eres competente, los demás también te respetarán. **Valora a los demás sin esperar nada a cambio.**

/ /

«La vida es algo apasionante y más cuando se vive para los demás».

—Helen Keller”

Hacer amistades requiere esfuerzo. Debes estar dispuesto a dar más de lo que esperas recibir, amar a otros de forma incondicional, buscar formas de darles valor y hacerlos felices.

/ /

«Siempre debes comenzar una relación preguntándote: ¿Cuál es mi intención en esta relación? ¿Mi cariño es condicional? ¿Estoy escapando de algo? ¿Planeo cambiar a esta persona? ¿Necesito que esta persona me ayude a compensar alguna carencia en mí? Si respondes que sí a cualquiera de estas preguntas, deja a esa persona en paz. Él o ella está mucho mejor sin ti».

—Leo Buscaglia

¿Es importante seguir hasta el final para triunfar en la vida? Cuando dices que harás algo, pequeño o grande, ¿lo haces? Cuando asumes un compromiso, ¿los demás pueden estar seguros de que lo cumplirás? Pocas cosas son tan impactantes como cumplir con lo prometido. Si bien beneficia a quien recibe el compromiso, es aun más valioso para quien lo cumple.

/ /

Enfócate en las decisiones, no en las condiciones. No dejes que las condiciones determinen si vas a cumplir con lo que dijiste.

No dependas solo de tu talento. Tu talento es lo que Dios puso en ti desde antes de que nacieras. Tus habilidades son lo que has cultivado en el pasado. **El compromiso es lo que debes trabajar hoy para tener éxito**

/ /

«Debes pagar el precio. Descubrirás que todo en la vida tiene un precio y deberás decidir si el precio justifica el premio».

—Sam Nunn

Nunca subestimes la perseverancia. Nada alimenta más el compromiso que ese esfuerzo con determinación que lleva a alcanzar un logro.

/ /

«En el momento en que uno se compromete con firmeza, comienza a actuar la Providencia [...] A partir de esa decisión surge una serie de eventos que desatan toda clase de incidentes imprevistos, encuentros y recursos que actúan en favor de uno y nadie hubiese imaginado que podrían suceder».

—William H. Murray

Gana primero la batalla interna. Cuando los atletas olímpicos ingresan al estadio durante la ceremonia de apertura y se preparan para participar de los juegos, una de las cosas que hacen es recitar lo siguiente: **Me he preparado; he seguido las reglas; no renunciaré.** Cuando aceptas hacer algo y te presentas para realizarlo, si pronuncias esas tres oraciones, ya puedes sentirte orgulloso sin importar cuál sea el resultado.

/ /

«La gran batalla que todos enfrentan continuamente es la capacidad de adoptar un estado mental y de tener la energía adecuada para lograr eso que requiere un arduo trabajo. Cuando logran ganar esa batalla de una vez por todas, todo resulta fácil».

—Thomas A. Buckner

Haz lo correcto cuando no lo sientas.

/ /

«Cuando estás comprometido con algo, no aceptas excusas, solo resultados».

—Ken Blanchard

Pon lo importante por sobre lo urgente. La mayoría centra su atención en el dinero. Sin embargo, en qué gastas tu tiempo es mucho más importante que en qué gastas tu dinero. Los errores financieros muchas veces pueden corregirse, pero el tiempo perdido se va para siempre. **Tu tiempo es invaluable.**

/ /

«Cuida muy bien tu tiempo libre. Es como un diamante en bruto. Si lo malgastas, nunca conocerás su valor. Si lo aprovechas, se convertirá en la gema mas brillante de una vida útil».

—Ralph Waldo Emerson

No puedes controlar el tiempo. La mayoría de las personas se dejan llevar por lo urgente, por cualquier cosa que surja a continuación. Sin embargo, si quieres triunfar en la vida, no puedes hacer eso.

«La administración del tiempo no tiene nada que ver con el reloj, sino con poder organizarse y controlar la participación en ciertos eventos que se coordinan con el reloj. Einstein entendió que la administración del tiempo es un oxímoron; no puede administrarse. No puedes ahorrar tiempo, perder tiempo, retroceder las agujas del reloj o tener más tiempo mañana que hoy».

—Myers Barnes

No puedes hacer todo. Debes escoger. La excelencia se consigue al hacer lo correcto de la forma correcta, al poner lo importante por sobre lo urgente. Debes dejar de lado todo lo demás

«Además del arte noble de hacer las cosas, también existe el arte de dejar cosas sin hacer
La sabiduría de la vida consiste en eliminar lo que no es esencial».

—Lin Yutang

Todo lo que estás haciendo ahora es algo que has elegido hacer. Tal vez no quieras creerlo, pero si tienes más de veintiún años, tu vida es lo que tú construyes. **Para cambiar tu vida, necesitas cambiar tus prioridades.**

/ /

«El motivo por el que no logramos la mayoría de los objetivos es porque perdemos el tiempo haciendo las cosas secundarias primero».

—Robert J. McKain

Hay muchas cosas que compiten por tu atención. Muchos quieren ponerte en su agenda. Miles de fabricantes quieren que inviertas tu dinero en sus productos. Incluso tus propios deseos pueden ser tan distintos y tu atención tan dispersa que, muchas veces, no tienes la certeza de dónde poner tu atención. **Por eso necesitas elegir tus prioridades de forma intencional.**

«El arte de la sabiduría es el arte de saber qué pasar por alto».

—William James

Si quieres tener éxito, no debes permitir que lo que es urgente para otros domine tu vida.

/ /

Cuando tomas el control de tu día, tomas el control de tu vida.
Es la única que tienes. Aprovéchala al máximo.

Da lo mejor de ti a tu familia.

«Cuando tienes una vida familiar fuerte, recibes el mensaje de que te aman, te cuidan y eres importante. La recepción positiva de amor, afecto y respeto... te da recursos internos para enfrentar la vida con más éxito».

—Nick Stinnett

No puedes cambiar tu familia de origen. La familia en la que te criaste es la que te formó, para bien o para mal. Puede que eso te haya dado una ventaja al comienzo de tu vida o que te haya presentado desafíos. No puedes controlar el pasado o cómo te trataron, pero sí puedes determinar cómo tú tratas a tu familia hoy y en el futuro.

/ /

La relación que tienes con tu cónyuge, tus hijos, tus padres y hermanos es la más importante de tu vida. Ellos te forman y a su vez tú los formas a ellos. Eso es motivo suficiente para darles lo mejor de ti.

¿Quieres cambiar el mundo y hacerlo un lugar mejor? Bien. Comienza por ir a casa y amar a tu propia familia. Comienza el cambio allí. Demuestrales aprecio. Diles que los amas simplemente porque son parte de ti.

/ /

«En cada persona, desde la cuna hasta la tumba,
hay un deseo profundo de que la aprecien».

—William James

Resuelve los conflictos tan pronto como puedas. Cuando tienes conflictos en tu hogar, ¿cómo los resuelves? La respuesta de una familia a los problemas puede unirla o destrozarla. **Resolver los conflictos de manera rápida y efectiva, traerá sanidad.**

/ /

«Las disputas familiares son amargas. No siguen ninguna regla. No son como dolores o heridas, más bien son como grietas en la piel que no pueden sanar porque no hay suficientes recursos».

—F. Scott Fitzgerald

Prioriza a tu familia en la agenda. El trabajo puede consumir todo tu tiempo si se lo permites. Los pasatiempos u otros intereses también. Si no estableces límites para la forma en que inviertes tu tiempo, tu familia siempre se quedará con las sobras.

Puedes vencer esa tendencia si pones primero a tu familia en tu agenda.

Encuentra formas de pasar tiempo juntos. Nada puede reemplazar el tiempo cuando se trata de tu familia. Programa momentos personales con cada uno e intenta buscar momentos de diversión. No dejes que el tiempo con tu familia se sienta como una interrupción; haz que sea un acto intencional.

/ /

«El tiempo es como el oxígeno, hay una cantidad mínima necesaria para sobrevivir. Para desarrollar relaciones cálidas y afectuosas se necesita tanto cantidad como calidad».

—Armand Nicholi

Crea y continúa tradiciones familiares. Las tradiciones le dan a tu familia una historia compartida y un gran sentido de identidad.

Las tradiciones que tu familia mantuvo ayudaron a definir tu identidad.

Si puedes proteger y apoyar a tu familia, no importa qué otra cosa suceda en la vida, tú y tus seres queridos tendrán un lugar seguro al que acudir.

/ /

«El hogar... es el lente a través del cual vemos por primera vez el matrimonio y todos los deberes cívicos; es la clínica en la que, mediante conversaciones y actitudes, se crean las primeras impresiones con respecto a la solemnidad y la reverencia; es la escuela donde se aprenden las lecciones de verdad o de falsedad, de honestidad o de engaño; es el molde que, en definitiva, determina la estructura de la sociedad».

—Perry F. Webb

Sé cada día mejor.

/ /

«Ser lo que somos y convertirnos en lo que somos capaces de ser, ese es el único fin de la vida».

—Robert Louis Stevenson

Una persona que cree que el crecimiento solo viene por el simple hecho de vivir, es como un arquero que dispara flechas siempre fuera del blanco y cree que está mejorando solo por dispararlas de la misma manera. **La experiencia es buena solo si sirve para reflexionar, ya que se aprende tanto de los errores como de los aciertos.**

/ /

«Cuando un arquero erra el objetivo, vuelve y busca el error en él. Fallar en darle al blanco nunca es error del objetivo. Para mejorar tu puntería, debes mejorar tú».

—Gilbert Arland

El mayor obstáculo de una persona es no ver su potencial. ¿Cuáles son esos sueños que están esperando cumplirse? ¿Cuáles son esos dones y talentos que están dentro de ti deseando que los muestres y los desarrolles? **La grieta entre tu visión y tu realidad puede cerrarse solo si te comprometes a maximizar tu potencial.**

/ /

«El infierno comienza ese día en el que Dios nos da una visión clara de todo aquello que podríamos haber conseguido, de todos los dones que desperdiciamos, de todo lo que podríamos haber hecho y no hicimos».

—Gian Carlo Menotti

Enfoca tu crecimiento. Al planificar tu crecimiento, enfocarte te beneficiará en gran manera. ¿Cuáles son tus mayores fortalezas? ¿Cómo se relacionan con tu máximo potencial? Es ahí hacia donde necesitas enfocar tu crecimiento.

/ /

«El gran misterio no es que las personas hagan las cosas mal, sino que a veces las hagan bien. Lo único universal en el ser humano es la incompetencia. Las fortalezas siempre son específicas. Nunca nadie dijo, por ejemplo, que el gran violinista Jascha Heifetz tal vez no tocaba muy bien la trompeta».

—Peter Drucker

Los avances externos vienen por el crecimiento interno. Alguna vez has sentido que algún aspecto de tu vida estaba estancado? Quieres avanzar en tu carrera profesional, pero parece que algo te lo impide. Deseas mejorar una relación, pero no puedes hacer cosas nuevas. O llegas a un límite en tu salud o tu físico y nada de lo que haces parece mostrar avances en los resultados. ¿Cómo puedes superar ese estancamiento?

/ /

«Si una persona dedica una hora al día al mismo tema durante cinco años, esa persona será una experta en esa área».

—Earl Nightingale

El crecimiento personal te cambia desde adentro hacia afuera.
Tu meta es crecer en algo todos los días.

/ /

«Para hacer más, tengo que ser más».

—Jim Rohn

Disfruta el proceso. Si vas a dedicar esa cantidad de tiempo a aprender algo, mejor que sea algo que te guste.

/ /

«El único entusiasmo que vale la pena es el que sientes al hacer algo con tu propia vida».

—William Feather

El éxito no viene por accidente, la gente no se tropieza de forma reiterada con un logro y se fija qué puede hacer después. Ya sea que te dediques a la medicina, a los negocios, a la carpintería, a la enseñanza, si eres padre o estudiante, tu nivel de éxito aumentará radicalmente si valoras más tus pensamientos. Cuanto más pienses, mayor será tu potencial. **La gente que es exitosa en la vida piensa su camino a la cima.**

/ /

«El pensamiento es la fuente original de toda riqueza, de todo éxito, de toda ganancia material, de todo logro y de todos los grandes descubrimientos e invenciones».

—Claude M. Bristol

No seas esclavo de tu entorno. Los buenos pensadores siempre pueden sobreponerse a las dificultades, incluso a la falta de recursos. Los pensadores mediocres suelen encontrarse en manos de los buenos pensadores.

«Mejor es un bolso vacío que una mente vacía».

—Proverbio alemán

¿Quién tiene más valor para cualquier organización? ¡La persona con ideas!

/ /

«Lo importante son las ideas. Si tienes ideas, tienes el recurso principal que necesitas y no hay ningún límite para lo que puedas llegar a hacer con tu negocio y con tu vida».

—Harvey Firestone

Identifica un lugar, un mamento y un proceso para pensar. Encuentra un lugar en el que te guste pensar. No importa a dónde vayas, siempre y cuando eso estimule tus pensamientos. **Una vez que tengas un lugar, establece un momento específico.** Intenta descubrir en qué momento del día tus pensamientos son más claros. **Encuentra un proceso para pensar que te funcione a ti.**

/ /

«En lo personal, cuando se me viene una idea, se enciende un fuego, casi como cuando Dios me habla. Sé que suena a sacrilegio, pero es así. A medida que pasa el tiempo desde que se encendió la idea, desprende cada vez menos calor. Se me van olvidando partes de ella y ya no parece tan genial. Las ideas tienen un promedio de vida corto».

—Dave Goetz

No dejes que un buen pensamiento impida una buena acción. El objetivo final de pensar es convertir las ideas en acciones.

/ /

«Hazte cargo de tus pensamientos».

—Platón

Nuca descuides tu salud. Si quieres triunfar en la vida, debes priorizar tu salud.

/ /

«El sinsentido más grande es sacrificar la salud por cualquier otro tipo de felicidad».

—Arthur Schopenhauer

La salud impacta en las emociones, el intelecto y la espiritualidad. Si tomas decisiones que no son saludables, eso afectará cada aspecto de tu vida: tu corazón, tu mente y tu espíritu.

/ /

«Si hubiese sabido que iba a vivir tanto, me hubiese cuidado mejor».

—Atribuido a Mickey Mantle

El propósito ayuda a tu salud. La perspectiva es la mejor forma de incentivar a una persona a que quiera hacer lo correcto. Tener algo por qué vivir, no solo te hace desear una larga vida, sino que también te ayuda a ver la importancia de los pasos a lo largo del camino.

«Dale a un hombre salud y un rumbo a seguir,
y nunca se detendrá a preguntarse si es feliz o no».

—George Bernard Shaw

Maneja el estrés de forma efectiva. Hace cien años, las principales causas de enfermedades estaban relacionadas con infecciones. Hoy en día, están relacionadas con el estrés. Lo peor que puedes hacer en una situación en la que puedes sentir presión es postergar el hecho de ocuparte de ella. Si afrontas los problemas lo antes posible y te mantienes al día con las personas, reduces en gran medida las posibilidades de sentir estrés.

/ /

«La felicidad no es más que buena salud y mala memoria».

—Albert Schweitzer

Trabaja en algo que disfrutes. Una de las principales causas del estrés agobiante en las personas es trabajar en algo que no les gusta.

/ /

«El problema con la carrera de ratas es que, aunque ganes, sigues siendo una rata».

—Lily Tomlin

Acepta tu valor personal.

/ /

«El concepto personal de un individuo afecta cada aspecto del comportamiento humano... No es una exageración decir que una imagen personal fuerte y positiva es la mejor preparación para una vida de éxito».

—Dr. Joyce Brothers

Cuida tu salud, pero no te tomes a ti mismo demasiado en serio.

/ /

«He investigado y lamento decirles que todos mueren: los amantes, los atletas, los vegetarianos y los no fumadores. Les digo esto para que aquellos que salen a correr a las 5 a.m. y comen vegetales, de vez en cuando duerman hasta tarde y coman un helado».

—Bernie S. Siegel

Ríe. No te tomes la vida demasiado en serio. Y, sin dudarlo, no te tomes a ti mismo demasiado en serio. Si puedes reírte de ti en voz alta y a menudo, verás que es liberador. Es la mejor forma de evitar que el estrés se convierta en angustia.

/ /

«Una buena risa y una larga noche de sueño son la mejor medicina en el recetario de un doctor».

—Proverbio irlandés

Aliméntate bien y haz ejercicio. ¿Es necesario que escriba algo más aquí? Si tienes sobrepeso, ya sabes qué hacer. Come menos calorías de las que quemas. Haz ejercicio todos los días y bebe agua. El problema de la mayoría de las personas no es el conocimiento, sino la acción.

/ /

«La única forma de mantenerte saludable es comer lo que no quieres, beber lo que no te gusta y hacer lo que preferirías no hacer».

—Mark Twain

Mantén el dinero en perspectiva. La gente tiende a valorar el dinero y lo material por encima de lo que en verdad importa en la vida: los demás.

«El estadounidense promedio se ocupa de comprar cosas que no quiere con dinero que no tiene para impresionar a gente que no le agrada».

—O. Donald Olson

Tener dinero o cosas lindas no tiene nada de malo, como tampoco está mal vivir de forma modesta. **El materialismo es una actitud que afecta de igual modo a ricos y a pobres.**

/ /

«Si una persona corrige su actitud hacia el dinero, eso le ayudará a enderezar casi todas las otras áreas de su vida».

—Billy Graham

Aunque la mayoría diría que está de acuerdo con el dicho «el dinero no compra la felicidad», muchas veces actúan como si fuese una realidad. **El dinero no te hará feliz.** Es escalofriante cómo muchas personas destruirían sus vidas y sus almas por dinero.

/ /

«El dinero no cambia a los hombres, simplemente los desenmascara. Si un hombre por naturaleza es egoísta, arrogante o avaro, el dinero lo exterioriza; eso es todo».

—Henry Ford

Si bien poseer riquezas nunca garantiza la felicidad o el éxito, deber dinero puede hacerte miserable. Si tus gastos exceden tus ingresos, entonces tu costo de mantenimiento será tu ruina.

/ /

«El rico se enseñorea de los pobres, y el que toma prestado es siervo del que presta».

—Rey Salomón

El margen financiero te dará opciones. En definitiva, el dinero no es más que una herramienta. Tener dinero puede ayudarte a alcanzar algunos objetivos, pero su mayor valor está en la capacidad de darte opciones.

/ /

«Todo progreso se basa en un deseo universal e innato de cada organismo vivo de vivir por encima de sus ingresos».

—Samuel Butler

Gana, administra y da. La única forma infalible de tener dinero es ganarlo. La mejor manera de conservar el dinero es administrarlo. Trabajar, ganar, ahorrar e invertir te prepara para hacer lo mejor que puedes hacer con tu dinero: dar.

«Gana todo lo que puedas, ahorra todo lo que puedas, da todo lo que puedas».

—John Wesley

«La diferencia entre el rico y el pobre es que el rico invierte su dinero y gasta lo que sobra, mientras que el pobre gasta su dinero e invierte lo que sobra».

—Autor desconocido

/ /

«El dinero es otro par de manos para sanar, alimentar y bendecir a las familias del mundo sin esperanza... El dinero de un hombre es una extensión de sí mismo».

—Bruce Larson

Haz lugar para tu fe.

/ /

«Estoy completamente convencido de que el alma es indestructible y de que su actividad continuará por toda la eternidad».

—Johann Wolfgang von Goethe

Piensa dónde buscas respuestas. Hay un aspecto espiritual en la vida humana que no puede negarse. **Las necesidades espirituales deben suplirse de manera espiritual.** Nada más puede llenar ese vacío.

/ /

«La fe es creer lo que no vemos; y la recompensa de esa fe es ver lo que creemos».

—San Agustín de Hipona

Ya tienes fe, ¿dónde la pones? Todos los días actúas por creencias que tienen poca o nada de evidencia que las respalde. Tu objetivo debería ser alinear tus creencias con aquello que sea real. Busca la verdad y la encontrarás.

Deja que la incertidumbre y la dificultad abran la puerta hacia la fe.
La fe no es señal de debilidad.

Si estás experimentando dificultades, explora la fe como respuesta a ellas. La fe no solo te ayuda en medio de una crisis, sino que también te ayuda a enfrentar la vida con toda una nueva perspectiva después de todo.

/ /

«[Esta] es la gran conversación de nuestra vida: reconocer y creer que todos los eventos inesperados no son solo molestias e interrupciones en nuestros proyectos, sino la forma en que Dios moldea nuestros corazones y nos prepara».

—Henri Nouwen

Si quieres hacer espacio para la fe, debes darle una oportunidad a Dios. Deja que entre en tu vida. Nadie más merece nuestra confianza total e incondicional.

/ /

«El escepticismo pone a nuestras circunstancias entre nosotros y Dios. La fe lo coloca a Dios entre nosotros y nuestras circunstancias».

—F. B. Meyer

Cuando la fe genuina se pone a prueba, se fortalece. La fe trae paz y fortaleza solo si no es superficial. Cuanto más profunda es la fe, mayor es su potencial para conducirte en medio de tiempos difíciles.

/ /

«Una fe como la de Job es inquebrantable, porque es el resultado de haber intentado quebrarla».

—Abraham Heschel

Da más de lo que recibes. La grandeza no está definida por lo que ganas, sino por lo que das.

La verdadera generosidad no es en función de los ingresos, comienza con el corazón. Es servir a otros y buscar formas de valorarlos. Esa es la forma de lograr el mayor propósito en tu vida.

/ /

«La pregunta más persistente y urgente de la vida es: "¿Qué estamos haciendo por los demás?"».

—Martin Luther King Jr.

La generosidad atrae a los demás. A nadie le gusta estar rodeado de gente que piensa solo en sí misma. Por el contrario, casi todos disfrutan rodearse de personas que dan más de lo que reciben.

/ /

«Qué maravillosa es la compañía de las personas generosas, que no se detienen en pequeñeces y que por instinto mantienen su mente en todo lo bueno y positivo del mundo que los rodea. Las personas de poca talla siempre están quejándose, mostrando su superioridad, conocimiento...».

—Van Wyck Brooks

La generosidad dirige tu enfoque hacia fuera. La generosidad puede describirse de forma muy simple como desviar la atención de ti mismo para enfocarte en los demás. Estar ocupado dando a los demás y ayudándolos a triunfar, ahuyenta al egoísmo. **Dar más de lo que recibes no solo hace del mundo un lugar mejor, sino que también hace más feliz al que da.**

/ /

○

○

○

«Ningún hombre puede vivir feliz si solo se preocupa por sí mismo y hace todo para su beneficio propio. Debes vivir para los demás si deseas vivir para ti mismo».

—Séneca

La generosidad le aporta valor a los demás. Una de las cosas más importantes que alguien puede hacer mientras está en este mundo es ayudar a otros. No midas tu vida por el número de personas que te sirven o la cantidad de dinero que has acumulado. **Fíjate a cuántas personas sirves tú.** Cuanto más das, más plena es tu vida. Nunca estarás más alto en la escalera al éxito que cuando te inclinas para ayudar a alguien a subir. Cuando le aportas valor a los demás, no te restas nada a ti.

/ /

«Tú no estás aquí simplemente para vivir. Estás para ayudar al mundo a vivir con más plenitud, con una visión más amplia y con un espíritu más noble de hogar y logros. Estás aquí para enriquecer al mundo, y si te olvidas de esa misión, te empobreces a ti mismo».

—Woodrow Wilson

Dar beneficia al que da. Cuando ayudas a otros, obtener beneficios es inevitable. **No puedes iluminar el camino de alguien sin arrojar luz a tu propio camino.**

/ /

«No has tenido un día perfecto, aunque te hayas ganado tu dinero, si no has hecho algo por alguien que nunca podrá devolvértelo».

—Ruth Smeltzer

No esperes tener prosperidad para dar. Tu nivel de ingresos y tu deseo de dar no tienen nada que ver el uno con el otro. Algunas de las personas más generosas del mundo dan de lo poco que tienen; algunos de los más egoístas acumulan toda su abundancia. **Los generosos no dan de lo que sobra en sus bolsos, sino desde el fondo de sus corazones.**

/ /

«Da con generosidad y serás más rico; sé tacaño y lo perderás todo. El generoso prosperará, y el que reanima a otros será reanimado».

—Rey Salomón

Encuentra formas de dar todos los días. Por lo general, para dar es necesario que salgas del camino, pero debes mantener los ojos abiertos para encontrar las oportunidades. Ayuda a quienes lo necesitan y piensa de forma estratégica para impactar más. Puedes dar a organizaciones que respetes y en las que confíes. Están por todos lados.

/ /

«Haz todo el bien que puedas, a todas las personas que puedas,
de todas las formas que puedas, todo el tiempo que puedas».

—D. L. Moody

Vive hoy según tu valores. Solo hay un puñado de decisiones de valores importantes que necesitas tomar en toda tu vida para poder triunfar.Toma estas doce decisiones y tendrás éxito:

- Enfócate en el presente.
- Mira el vaso medio lleno.
- Ve a todos como posibles amigos.
- Haz lo que dices que harás.
- Pon lo importante por encima de lo urgente.
- Da lo mejor de ti a tu familia

- Sé cada día mejor.
- Piensa tu camino hacia la cima.
- Nunca descuides tu salud.
- Mantén el dinero en perspectiva.
- Haz lugar para la fe.
- Da más de lo que recibes.

Una vez que hayas tomado estas decisiones, todo lo que debes hacer es despertar cada mañana y determinarte a ponerlas en práctica todos los días. Hazlo y no solo harás que hoy sea el mejor de tus días, sino que también crearás el mañana que deseas. **No siempre es simple, ni fácil.**

/ /

Pero es una decisión que está bien a tu alcance.

Penguin
Random House
Grupo Editorial

Título original: *Master What Matters:*
12 Value Choices to Help You Win at Life

Primera edición: enero de 2025
Esta edición es publicada bajo acuerdo con
Hachette Book Group, Inc., USA

Publicado por ORIGEN®, marca registrada de
Penguin Random House Grupo Editorial USA, LLC

Impreso en Colombia / *Printed in Colombia*

ISBN: 979-8-89098-380-0

25 26 27 28 29 10 9 8 7 6 5 4 3 2 1